THiLO

OSTWIND

Seehunde in Not

Basierend auf Figuren und Fabel von
Lea Schmidbauer und
Kristina Magdalena Henn

In der OSTWIND-Reihe für Erstleser sind bereits erschienen:

OSTWIND – Für immer Freunde
OSTWIND – Die rettende Idee
OSTWIND – Das Turnier
OSTWIND – Weihnachten auf Kaltenbach
OSTWIND – Mikas großer Auftritt
OSTWIND – Eine zauberhafte Begegnung
OSTWIND – Das geheimnisvolle Brandzeichen
OSTWIND – Chaos auf dem Wintermarkt
OSTWIND – Das Rennen von Ora
OSTWIND – Das gestohlene Fohlen
OSTWIND – Spukalarm im Pferdestall
OSTWIND – Weihnachten mit Hindernissen
OSTWIND – Seehunde in Not

Dieses Buch wurde auf chlorfrei gebleichtem Papier gedruckt.

1. Auflage
© und TM 2022 Alias Entertainment GmbH
© Ostwind Filme SamFilm GmbH
Alle Rechte vorbehalten.
Lektorat & Projektmanagement: Simone Hennig
Satz: fuxbux, Berlin
Umschlaggestaltung: tatendrang
Illustrationen: comicup
Druck: GGP Media GmbH, Pößneck
ISBN 978-3-940919-42-7
Printed in Germany

Inhalt

1. Ostwind stellt sich an **8**
2. Ein traumhaftes Haus **12**
3. Doppeltes Glück **16**
4. Mika wird wütend **20**
5. Wir müssen etwas tun! **24**
6. Strandputzwoche **28**
7. Ein großer Erfolg **32**
8. Suche im dichten Nebel **36**
9. Der Priel **40**
10. In der letzten Minute **44**

Mika und Ostwind sind mehr
als Pferd und Reiterin:
Die beiden sind Seelen-Verwandte.
Mika kann verstehen,
was Ostwind fühlt.
Und der wilde Ostwind spürt,
was in Mika vorgeht.
Es ist eine magische Verbindung!

Maria Kaltenbach ist Mikas Oma.
Sie war früher eine der besten
Springreiterinnen der Welt.
Doch nach einem Unfall
kann sie heute nicht mehr reiten.
Nun ist sie Trainerin.
Ihr gehört Gut Kaltenbach,
wo Mika immer ihre Ferien verbringt.

Sam ist Stallbursche
auf Gut Kaltenbach.
Er verspricht seiner Chefin
Maria Kaltenbach,
sich um Mika zu kümmern.
Sam ist ein feiner Kerl,
auf den Mika sich immer
verlassen kann.

Fanny ist Mikas beste Freundin.
Als Großstadt-Kind
hat sie mit Pferden
gar nichts am Hut.
Doch ihre pfiffigen Ideen
helfen Mika
in schwierigen Situationen.

1. Ostwind stellt sich an

Ostwind war aufgeregt.
Heute war ein besonderer Tag.
Das spürte er natürlich.
Unruhig trippelte er
auf dem Hof von
Gut Kaltenbach herum.

Der Hengst mochte den Anhänger
überhaupt nicht.
Aber es musste sein.

„Du bist ganz schön bockig",
sagte Mika lachend.
„Willst du nun
mit in den Urlaub
oder nicht?"
Ostwind schnaubte.

Mika legte ihren Kopf
an seinen Hals.
„Die Fahrt dauert nicht lang",
versprach sie.
„Außerdem bist du
ja nicht alleine!"

Wie aufs Stichwort
kam Ora angelaufen.
Mit zwei Hopsern war sie
im Anhänger.
„Deine Tochter stellt sich nicht so an
wie du", sagte Tinka zu Ostwind.
Mika grinste.

Tinka war mehr als eine Reitschülerin
auf Gut Kaltenbach.
Sie liebte das Gut und seine Pferde.
Deshalb durfte sie so
mit Ostwind reden.

Tinka gab Ostwind
einen liebevollen Klaps.
Da trottete auch der Hengst los.

Jetzt luden Fanny und Sam
ihre Rucksäcke ins Auto.
Und schon ging es los.
„Schreib mal eine Karte!",
rief Maria Kaltenbach noch
ihrer Enkelin Mika hinterher.
Dann war der Wagen
mit den sechs Urlaubern
verschwunden.

2. Ein traumhaftes Haus

Auf der Autobahn kamen
Mika und ihre Freunde
schnell voran.

Fanny drehte das Radio laut,
und alle sangen mit.
Sie freuten sich riesig
auf den Urlaub.
Die Idee hatte Tinka gehabt.

Ihre Tante Inga wohnte
an der Nordsee.
Für Gäste hatte sie
viele freie Zimmer.

Als sie eine Pause machten,
sah Mika nach den Pferden.
Ostwind schnaubte beleidigt.
„Spinner!", sagte Mika
und streichelte ihn.

Zwei Stunden später
waren sie am Ziel.
Sam hielt vor einem
traumhaft schönen Haus.
„Ein Dach aus Stroh?",
wunderte er sich.
„Regnet es da nicht rein?"

Tinka lachte.
„Quatsch, das ist Reet!",
erklärte sie allen.
„Getrocknetes Schilfrohr."

Eine Frau kam aus der Tür.
„Hallo!", sagte sie.
„Ich bin Tinkas Tante Inga."
Sie zeigte Mika
die Koppel für die Pferde.

„Ist jetzt alles
wieder gut?", fragte Mika.
Ostwind sah sich auf der Wiese um.
Dann schnaubte er zufrieden.
Der Urlaub konnte beginnen!

3. Doppeltes Glück

Mika teilte sich
ein Zimmer mit Fanny.
Sie hatten sich
lange nicht gesehen.
Die halbe Nacht erzählten sie
sich die neusten Geschichten.

Am nächsten Morgen hatte Inga
ein tolles Frühstück gemacht.
Von ihrem Balkon
konnte man über den Deich sehen.
Dahinter war direkt das Meer.

„Wahnsinn, dieser Ausblick!",
schwärmte Mika.
Am Horizont stand sogar
ein Leuchtturm!

Inga lachte.
„Ja, aber gleich ist Ebbe",
erklärte sie.
„Dann sieht man nur noch
Möwen und Wattwürmer."

Tinka stopfte sich
den letzten Bissen in den Mund.
„Das ist gut", schwärmte sie.
„Wir wollen heute nämlich
Muscheln suchen."

Inga strich ihrer Nichte
über den Kopf.

„Dann habt ihr sogar
doppelt Glück", verriet sie.
„Vorne am Meer
ist eine Seehund-Kolonie.
Die kommt nur alle paar Jahre."

Dann wurde Ingas Blick ernst.
„Aber vergesst die Zeit nicht!",
warnte sie.
„Die Flut kommt schneller,
als ihr laufen könnt!"

4. Mika wird wütend

Die Freunde bereiteten sich
auf ihren Ausflug vor.
Inga erklärte Tinka,
wo die Seehunde lagen.

Fanny und Sam packten
einen Rucksack
mit Tee und Zimtschnecken.
Und Mika holte die Pferde.
Dann zogen sie los.

Mika war verblüfft.
Das Meer war jetzt tatsächlich
viel weiter weg.
Da, wo eben noch Wasser
gewesen war,
gingen nun Menschen spazieren.

Auch Ostwind und Ora
waren zuerst irritiert.
Bei jedem Schritt
sanken ihre Hufe in den Sand ein.

„Schaut mal hier!",
rief Tinka.
Sie hatte eine
wunderschöne Muschel gefunden.

Plötzlich stellte Ostwind
die Ohren auf.
Dann hörte Mika es auch.
Ein Seehund bellte.

„Das ist ein Baby",
wusste Tinka.
„Es ruft nach seiner Mutter."

Neugierig liefen sie näher.
Als sie das Robbenbaby sahen,
wurde Mika wütend.
Der kleine Seehund hatte sich
in einer Plastiktüte verheddert.

5. Wir müssen etwas tun!

Das Robbenbaby schrie
wirklich verzweifelt.
Ostwind und Ora
waren ganz aufgeregt.

Die Plastiktüte hatte sich
dem Kleinen um Brust
und Flossen gewickelt.

Mika wollte zu dem
kleinen Seehund laufen.
Doch Tinka hielt sie zurück.
„Es ist wie bei Rehkitzen",
erklärte sie.
„Wenn du das Baby anfasst,
erkennt die Mutter
es nicht mehr."

Sie rief Tante Inga an,
und die verständigte
den Naturschutz.
Eine Viertelstunde später
hielt ein Geländewagen.

Eine Frau und ein Mann
zogen sich Handschuhe über.
Dann befreiten sie das Robbenbaby.
Bis auf den kleinen Schreck
ging es ihm gut.

„Seine Mutter jagt gerade
im Meer", sagte die Frau.
„Sie hat von dem Unglück
sicher gar nichts mitbekommen."

Mika konnte sich nicht beruhigen.
„Wieso schmeißen die Leute
ihren Müll hierhin!",
schnaubte sie.

Der Mann runzelte die Stirn.
„Tja, das Meer ist voller Plastik",
klagte er.

„Und bei Flut wird alles angeschwemmt."

Mika blickte ihren Freunden
in die Augen.
Alle dachten das Gleiche:
Dagegen müssen wir etwas tun!

6. Strandputzwoche

An diesem Abend standen
Fanny, Sam, Tinka und Mika
auf dem Balkon zusammen.
Die Sonne ging
über dem Meer unter.
Mika sah zur Koppel.

Ostwind und Ora
grasten friedlich.
Ihnen ging es gut.
Doch die Seehunde waren
eindeutig in Not.

Gemeinsam überlegten sie,
wie sie das Problem
lösen konnten.

Fanny durchsuchte das Internet.
Dann hatte sie eine Idee.
„Wir veranstalten
eine Strandputzwoche!",
schlug sie vor.

Sam hob den Daumen.
„Wer hier Urlaub macht,
liebt das Meer."

„Einen Tag lang
hilft jeder gerne mit",
war sich auch Tinka sicher.

Fanny schickte eine Mail
an zwei Zeitungen.
Sam, Tinka und Mika
malten Plakate.

Seehunde in Not!, stand schon
am nächsten Morgen
überall in der Stadt.

Zwei Tage später
begann die Strandputzwoche.
Mika und ihre Freunde
waren überwältigt.
Es waren echt
viele Leute gekommen!

7. Ein großer Erfolg

In den nächsten Tagen
schufteten die Freunde
von morgens bis abends.
Trotzdem hatten sie
einen Riesen-Spaß.

Manchmal halfen
fünfzig Leute mit!
Immer wenn Ebbe war,
rückten sie aus.

Das angeschwemmte Plastik sammelten sie in großen Kübeln. Ostwind zog sie zum Deich.

Dort holte ein Müllwagen alles ab. Am letzten Tag der Putzwoche war der Strand blitzsauber.

„Wir schauen noch einmal
bei der Seehund-Kolonie nach",
beschlossen Fanny und Sam.
Gemeinsam stiefelten
die beiden los.

Als Nebel aufkam,
wurde Ostwind unruhig.
Mika suchte den Strand ab.

Aber Fanny und Sam
waren nicht mehr zu sehen.
Sofort rief Mika Fanny an.

„Bei den Robben
liegt ein altes Fischernetz",
sagte Fanny.
„Das holen wir noch,
dann kehren wir um."

„Okay", sagte Mika.
Aber sie war genauso unruhig
wie ihr Pferd.

Zehn Minuten später
klingelte ihr Handy.
„Die Flut kommt",
schluchzte Fanny verzweifelt.
„Und wir haben völlig
die Orientierung verloren."
Dann brach die Verbindung ab.

8. Suche im dichten Nebel

Mika wusste sofort,
wie ernst die Lage war.
Sie brachte Tinka und Ora
zurück zum Deich.

„Sam und Fanny sind
in diese Richtung gelaufen."
Tinka zeigte nach rechts.
Mika schwang sich auf Ostwind
und ritt los.

Allerdings konnte sie
niemanden sehen.
Der Nebel war beinahe
undurchdringlich.
Außerdem wurde der Boden
immer schlammiger.

Ostwind sank bei jedem Schritt tiefer ein.
Mika jagte auf ihm durchs Watt.
„Wo seid ihr!",
rief sie verzweifelt.

Mika musste die beiden finden.
Doch von Minute zu Minute
wurde das schwieriger.

Plötzlich blieb Ostwind stehen
und spitzte die Ohren.
Die Robbenbabys riefen wieder!
„Hat Fanny nicht gesagt,
sie laufen zu den Seehunden?",
fragte Mika.

Sie wendete und ritt
dem Bellen entgegen.
Und da waren sie!

Sam stützte Fanny.
Mikas beste Freundin
war zu allem Übel
auch noch umgeknickt!

9. Der Priel

Mit großer Mühe kletterte Fanny
auf Ostwinds Rücken.
Sam und Mika joggten
neben ihnen her.

Viel Zeit hatten sie nicht mehr.
Hinter ihnen
rollte die Flut heran.
Der Leuchtturm schickte
sein Licht durch den Nebel.
So wusste Mika,
wo sie hinmussten.

Plötzlich jedoch war
auch vor ihnen Wasser.
In einer Senke hatte sich
ein riesiger Priel gebildet.

Hindurchschwimmen
war unmöglich.
Dafür war die Strömung
zu stark.
Es gab nur eine Chance.

„Ostwind", sagte Mika.
Sie drückte ihren Liebling
fest an sich.
„Du musst uns
auf die andere Seite bringen.
Hörst du?"

Ostwind wieherte.
Ohne Zeit zu verlieren,
sprang er in den Priel.

Mit all seiner Kraft
schwamm er
gegen die Strömung an.

Drüben stieg Fanny ab,
und der Hengst kehrte zurück.
Mika biss sich auf die Lippen.
Würden sie es noch schaffen?

10. In der letzten Minute

Ostwind schnaubte erschöpft.
Doch er musste noch zweimal
auf die andere Seite
des Priels schwimmen.
Zuerst war Sam dran.

Als Letzte kam Mika.
Sie legte ihre Stirn an Ostwinds.
„Du schaffst das!",
sagte sie ihm leise.

Dann stieg sie auf seinen Rücken.
Ostwind glitt ins Wasser.
Zug um Zug trug er Mika
vorwärts.
Mit letzter Kraft erreichte
Ostwind das Ufer.

Nach weiteren hundert Metern waren sie alle am Deich.

Ora und Tinka sprangen erleichtert umher.

Mika schlang ihre Arme
fest um Ostwind.
„Danke!", sagte sie
aus tiefstem Herzen.

Nachdem Inga sie
gehörig ausgeschimpft hatte,
gab es heißen Kakao.
Alle füllten ihre Becher
und gingen zur Pferdekoppel.

„Es gibt viel zu feiern",
verkündete Mika.
„Erstens ist alles gut ausgegangen.
Zweitens haben wir
den Strand ordentlich geputzt.
Und drittens habe ich
das klügste und mutigste
Pferd der Welt!"

Ora wieherte.
Ostwinds Tochter fand das
wohl auch.

Bereits erschienen (Auswahl):

OSTWIND – Das Turnier

ISBN 978-3-940919-32-8

OSTWIND – Das geheimnisvolle Brandzeichen

ISBN 978-3-940919-36-6

OSTWIND – Das Rennen von Ora

ISBN 978-3-940919-38-0

OSTWIND – Das gestohlene Fohlen

ISBN 978-3-940919-39-7